AF263102

PLUS DE ROIS!!!

PLUS D'EMPEREURS!!!

PAR

Barthélemy MESTREL.

CHERBOURG

Imprimerie Ch. Feuardent, rue Tour-Carrée, 25.

1871

DÉDICACE

AU COMTE HIPPOLYTE DE TOCQUEVILLE

Très-respectable

et très-honoré Comte,

Si je connaissais un homme plus sincèrement démocrate, plus dévoué au bien public, plus honnête et qui aimerait mieux son pays et le mien que vous, je lui dédierais le présent travail, que j'ai l'honneur et le plaisir de vous offrir, mais n'en connaissant aucun, c'est à vous que je le dédie.

« Messieurs et chers compatriotes, nous avez-vous
» dit, il n'y a que quelques jours, dans votre profes-
» sion de foi, depuis plusieurs années j'avais aban-
» donné toute idée de siéger à l'Assemblée législative.
» Les revers de nos armes et particulièrement cette ré-
» volution terrible, dont j'ai suivi pas à pas les causes
» et les conséquences ; m'ont fait tressaillir et ont im-
» primé à mon âme une nouvelle vigueur. J'ai cru, mal-
» gré mon âge, pouvoir encore coopérer à la régénéra-
» tion de notre chère patrie, et je viens avec confiance
» vous demander vos suffrages.

» Si j'avais l'honneur d'être appelé par vous à l'As-
» semblée nationale, j'y porterais des paroles d'union
» et de concorde. »

Voilà quelques-unes des nobles paroles et des solides
promesses que vous venez de nous adresser, vénéra-
ble Comte, oui, ce sont bien là vos propres paroles, et
dont, j'en ai la ferme conviction, aucun de ceux qui
vous connaissent bien ne voudrait douter un seul ins-
tant ; aussi, vous ont-ils acclamé et confié une partie de
leur destinée...

« Respectons le gouvernement qui existe et qui,
» nous avez-vous encore dit, dans ma conviction, peut
» seul nous sauver. »

Le conseil que vous venez de nous donner, brave
Comte, est un de ceux qui mérite le plus et le mieux
d'être respecté. Quand à vos derniers mots ils ont ravi
nos cœurs ; et nous ne doutons nullement qu'ils feront
tressaillir de joie tous ceux qui les entendront prononcer
et qui aimeront leur patrie...

« Je l'ai écrit déjà et je le répète, avez-vous encore
» dit : Que tous ceux et c'est le plus grand nombre,
» qui veulent l'ordre et la liberté, le respect pour la
» conscience religieuse et l'honnête possession des hé-
» ritages, soutiennent sans hésiter la forme politique
» qui nous divise le moins.

Il n'y a rien de plus vrai, de meilleur et de plus
utile à observer que ces paroles sortant de votre bou-
che et de votre plume, digne comte, et vous pouvez
croire à votre tour, j'en prends la généralité du
peuple français à témoin, que nous ferons tous notre
possible pour qu'elles soient réalisées selon votre désir, autrement dit, dans la plus grande acception
possible du mot.

« Mes chers concitoyens, avez-vous encore ajouté,
» croyez-le bien, c'est en restant unis sur le terrain
» commun de la République et guidés par les seuls sen-
» timents patriotiques, que nous parviendrons à rele-
» ver nos ruines, panser nos blessures et assurer l'ave-
» nir de notre chère et bien-aimée patrie. Je serais fier
» d'y contribuer pour ma part, et vous me connaissez
» assez pour être sûr que ma loyauté et mon dévoue-
» ment ne vous manqueront jamais. »

Il n'y a encore rien de plus sensé, de plus logique et
de plus vrai que cette dernière phrase de votre estima-
ble profession de foi, brave et généreux Comte; aussi
croyez-le bien, la généralité, sinon tous ceux qui ont
l'avantage de vous entourer, ne manquera pas de suivre
les bons principes et les salutaires enseignements qu'elle
renferme. Et quant à votre loyauté et à votre dévouement, nous en sommes certains. Nous savons que nul au
monde n'a montré plus de sincérité, de franchise et
d'amour du pays que vous ; et si je ne craignais de bles-
ser votre modestie j'ajouterais : que votre sollicitude
est constante, pour le bien-être et la moralité des
classes pauvres ou laborieuses... que nous ne pouvons
en toutes ces bonnes choses que compter sur vous, et
qu'il ne peut en être autrement de votre côté. La dernière raison, la voici ; vous nous aimez et nous vous
aimons.

Daignez, auguste Comte, agréer, avec cette dédicace,
l'assurance de mon plus sincère et plus profond respect.

AUX PERSONNES RAISONNABLES

DE TOUTES LES CLASSES

ET A TOUS LES PÉUPLES

————

« L'homme est né libre, a dit quelque part Jean-Jacques Rousseau, et partout il est dans les fers. »

La phrase que l'on vient de lire n'est malheureusement que trop vraie, mais il est bon de l'expliquer. Elle ne veut pas dire autre chose que ceci :

Les hommes naissent égaux en droits dans tous les pays ; mais par une bizarrerie inconcevable, il est arrivé que des despotes, des traitres et des égoïstes se sont entendus pour ravir ceux qui appartiennent au plus grand nombre !..... Ils ont réussi, et ils ont traité ce grand nombre comme un troupeau de bêtes....

Tantôt ils lui ont fait des caresses ; tantôt il lui ont fait des promesses ; tantôt ils l'ont félicité de sa soumission à leur égard et aux règles arbitraires qu'ils lui imposaient ; tantôt il lui ont fait des menaces ; tantôt ils l'ont enchaîné ; tantôt ils l'ont exilé et proscrit ; tantôt ils l'ont fait mourir dans les cachots ou bien de faim.... et tout cela suivant leurs caprices !!!

Voilà ce qu'il a voulu dire dans cette phrase Jean-Jacques Rousseau.

Par cette bizarrerie, les notions du bien et du mal se sont trouvées confondues, et il est devenu presque impossible aux mieux intentionnés, à ceux, par exemple, qui n'ont pas fait une étude approfondie sur ces sortes de choses, de ne pas s'y méprendre.

Les caresses, les promesses, les félicitations, les protestations de fidélité, les menaces, la ruse, l'audace, l'hypocrisie, l'imposture, les paroles à double entente, la perversité en un mot des judas en question, ont été telles que des peuples presque entiers se sont crus libres quand ils n'étaient qu'esclaves !....

Est-ce qu'un peuple est libre, par exemple, quant un seul et même individu peut, par un signe, ou au moyen de quelques paroles cabalistiques mettre les biens et la vie de ce peuple en péril ?....

Non, un peuple n'est pas et ne peut pas être libre, dans des conditions semblables ; et il n'y a parmi ceux qui en font partie, que des gens pareils à ceux indiqués plus haut, c'est-à-dire qui n'ont pas approfondi la question, qui puissent se croire libres.

Je me résume : Des hommes iniques ont subjugué les masses, et la misère a été grande.

Les mamelles des mères ont tari... une partie de leurs enfants sont morts d'inanition... et les autres sont devenus esclaves !!!

Oui, une poignée de misérables a mis des nations presque entières sous un joug écrasant !... Et pourquoi? et dans quel but ?

Je me charge encore de le démontrer, mais... il y a tant de charlatans qui sermonent ou qui écrivent, et les peuples sont si souvent trompés par eux, qu'il leur est, je le répète, pour ainsi dire impossible de distinguer ceux qui leur parlent de bonne foi et qui leur veulent le plus de bien, d'avec ceux qui cherchent à les tromper...

Cependant, je vais, malgré cette confusion, et au risque de n'être pas compris moi-même, ou de l'être mal, essayer, de mon mieux à leur faire comprendre les choses importantes que dans leur intérêt, tant commun que particulier, il est urgent qu'ils comprennent.

Je ne me dissimule pas que les despotes et leurs satellites, autrement dit les égoïstes et les hommes faux, pour ne pas dire les fauteurs du désordre et du crime, ne trouvent des prétextes ou des raisons non fondées pour combattre les principes que je viens et que je vais encore opposer à la crasse vétusté, des leurs, mais les sages en jugeront, et peut-être que les peuples finiront par comprendre leur jugement, et par agir comme ils auraient toujours dû le faire.

Je reconnais que dans toutes les classes de la société, il y a de mauvais sujets : des voleurs, des imposteurs, des égoïstes, des calomniateurs, des scélérats et le reste... qu'il est nécessaire de punir ; mais, est-ce que cette reconnaissance doit m'empêcher de dire ce que je pense du sort des malheureux, des insttiutions et des réformes indispensables ?

Non, mille fois non.

Cette résolution prise, je m'adresse aux personnes raisonnables de toutes les classes, voire même aux marins et aux soldats, et je les convie à bien vouloir me laisser leur dire que, tout peuple qui met ses pouvoirs entre les mains d'un roi ou d'un empereur compromet gravement, et par ce seul fait, sa liberté... et tout ce qu'après cela il a encore de plus cher...

Ma conviction, sur ce point important, est inébranlable et j'affirme qu'elle l'a toujours été, mais que les horreurs de Napoléon le lâche et de Guillaume le cruel viennent encore de l'affermir. Et, enfin que la conviction de ceux qui ont véritablement à cœur de voir régner la liberté, l'égalité, la mutualité, la paix, l'ordre, le progrès, la justice et le bien-être de tous, est entièrement la même.

Il est vrai que les prôneurs de monarchies s'attribuent également les principes que je viens d'énumérer, mais pour peu que l'on veuille se donner la peine d'y réfléchir, on ne tarde pas à s'apercevoir qu'ils hurlent à côté de leur système, et que les résultats qui en découlent sont en tout différents de ceux de la République; et enfin que les différences ne sont pas et ne peuvent par être en faveur du peuple; mais bien en celle des princes, des puissants et des riches.

En somme, après avoir fait quelques heureux aux dépens de la généralité des hommes qu'ils gouvernent, et après s'être eux-mêmes emparés de leurs dépouilles, les rois et les empereurs les font s'entr'égorger ! ! ! ! Et, pour comble, ils accusent de tout cela ceux qui ont eu le courage de s'y opposer. . . . .

Oh! vampires. . . . . Oh ! bourreaux. . . . . Oh ! loups cerviers . . . . . Ah! c'est bien vous qui dévorez les produits du laboureur, la pitance du commerçant et l'obole du pauvre. . . . . Oui, c'est vous ! et c'est et ce n'est que votre cruelle ambition, votre monstrueux égoïsme et le coupable mépris que vous avez pour la race des hommes qui vous font agir d'une manière aussi immonde et aussi douloureuse . . . pour l'humanité.

C'est encore vous et vos infâmes séides, qui appelez démagogues. séditieux ou anarchistes, les honnêtes citoyens qui avertissent les peuples des coups de l'infortune que vous leur préparez . . . . .

Oh! Victor Hugo, Gambetta, Garibaldi, et vous tous enfin hommes chéris des peuples qui défendez si dignement la cause de vos frères opprimés . . . Je vous prends à témoins des horribles forfaits que je viens et que je vais encore énumérer contre les rois et les empereurs.

Et vous parlez de Dieu ! leur dirai-je encore . . . Vils imposteurs . . . . . . Et c'est sous ses yeux ! dites vous . . . en prononçant son nom et en l'invoquant que vous osez commettre un aussi grand nombre de crimes ! ! ! !

Prenez garde . . . . Le temps n'est peut-être pas éloigné où les peuples, mieux éclairés, sauront eux-mêmes vous demander compte des biens et du sang que vous avez gaspillés . . . . .

Est-ce que ce ne sont pas encore vos fraudes, vos restrictions, vos oppressions, vos faux serments et vos parjures enfin, oh ! rois, oh ! empereurs, qui paralysent le progrès, qui ruinent, outragent et démoralisent les nations ? . . . .

Peuples, c'est à vous d'en juger.

Oui, qu'ils délibèrent les peuples, ils ont sous les yeux des ruines, des débris, des crimes, des traces du sang le plus pur et le plus innocent . . . et partout des témoignages certains.

Si, d'après leur examen, ils ne trouvent pas que je viens d'exprimer les plus exactes vérités, les peuples, je passe comdamnation. Mais, par contre s'ils reconnaissent que je n'ai exposé que ce que ma conscience, mon cœur, ma raison, l'amour de la vérité et de mes semblables m'ont dicté, si surtout ils reconnaissent l'infériorité et les dangers des gouvernements monarchiques, nous n'aurons plus, à l'avenir, qu'à nous occuper de la république qui, à dire encore vrai, est le seul système qui convient à tous les peuples; et par suite, qu'à voter pour des hommes sincèrement républicains. Et nous ne devrons plus écouter les aristocrates. . . car ceux-là voudront toujours des rois ou des empereurs:

pour asservir et traiter de la manière que cela est dé-
montré ci-avant, ceux qui ne sont ni princes, ni ducs,
ni nobles, ni gros bourgeois. Et en dernier lieu, afin
d'obtenir pour eux des avantages, pour ne plus dire des
privilèges que nous ne connaissons que trop, que nos
pères ont connus avant nous et qu'ils ont eu le bon
sens d'abolir.

Les despotes et les aristocrates ont constamment fait
aux populations qu'ils voulaient tromper un épouvan-
tail de la République! et ils n'ont, malheureusement,
pour ces populations qui ont le tort de les croire, que
trop bien réussi, mais que ceux qui parmi, leur nombre,
en ont eu peur se rassurent elle n'est pas le moins du
monde à craindre pour eux... bien au contraire, elle
doit les rassurer : Elle doit surtout rassurer les faibles,
les ignorants et les opprimés. « Venez à moi, leur dit-
elle, je vous fortifierai, je vous instruirai, je vous dé-
livrerai. Terrible aux tyrans, je suis la bonne mère de
ceux qui souffrent, et je leur promets à tous aide et protection. »

Ceux qui liront ou qui entendront lire cette phrase
comprendront facilement pourquoi les despotes et les tyrans ne veulent pas entendre parler de la République,
et pourquoi ils s'efforcent de la faire haïr à ceux
qui n'ont pas assez d'esprit pour la comprendre.

Espérons pourtant, espérons enfin que les grands et
immortels principes qu'elle renferme, cette aimable
phrase, continueront à être la règle de tous les Français, et par suite celle de tous les peuples. Espérons
surtout, qu'à l'avenir, on n'aura plus, à côté de misères
aussi considérables que celles dont il est parlé au com-
mencement de cet écrit, à enregistrer des notes aussi
scandaleuses et aussi ruineuses pour ceux qui les sol-
dent, que celle qui va suivre, et qui, jointe à la cruelle

ambition que je signalais tout à l'heure, répond aux questions *pourquoi et dans quel but*, posées dans l'une des pages précédentes.

LA FORTUNE DE L'EX-EMPEREUR.

« On a parlé, dit le *Bien public*, de la fortune de
» l'ex-empereur; nous tenons d'un financier éminent
» les faits et les calculs suivants :

» L'ex-empereur possède pour plus de cent millions
» de propriétés en Italie seulement; l'impératrice est
» propriétaire en Espagne de cantons entiers; les fonds
» sont placés dans tous les pays, en Amérique, en An-
» gleterre, en Russie même. La fortune totale de l'ex-
» empereur est évaluée à 800 millions.

» On calcule qu'en mettant 20 millions de côté par
» an, il a été facile d'atteindre ce chiffre en ving. ans,
» or, on sait, qu'outre sa liste civile, Napoléon III
» percevait 26 millions par an sur le budget de la
» guerre.

» Si l'on ajoute à ce chiffre les fortunes du prince
» Napoléon, de la princesse Mathilde, de M. de
» Morny et quelques autres parents on arrive à près
» de 1,200 millions perdus pour la France. »

A LA FRANCE ET A TOUS LES PEUPLES.

L'univers est ma patrie; et que les hommes soient noirs, blancs, cuivrés ou de toute autre couleur, je les considère tous comme mes frères. Mais, comme parmi ces frères il y a des Caïn et des trompeurs, des Abel et des trompés, et que les uns, les premiers, par exemple, sont incorrigibles, et qu'il est impossible aux autres de vivre tranquilles à côté d'eux, ou du moins en tous moments, mais comme un accord sur ce point important est désirable, nécessaire même, je vais, toujours au risque de n'être pas compris ou de l'être mal, expliquer encore de mon mieux, tout ce qu'en cette douloureuse circonstance il me semblerait bon de ne pas perdre de vue.

J'avais résolu de me tenir coi au fond de ma retraite, mais les carnages sans nombre que viennent d'ordonner deux monarques, pour ne pas dire deux scélérats, m'en ont fait sortir

J'aurais pu ne protester que par des larmes... mais les accrocs que ces deux barbares ont faits à l'humanité, et particulièrement à la société dont je m'honore d'être membre, sont si nombreux, mais les maux qu'ils ont causés à des quantités innombrables de femmes, d'enfants et d'innocents ont tellement grands, qu'il m'est pour ainsi dire impossible de ne pas protester de toutes les manières.

Je vais donc à votre exemple, ô savant et consciencieux Lamennais, essayer de démontrer combien il est urgent pour les peuples de réfléchir au moins quelques instants sur la provenance des maux cruels qui les accablent.... et sur les moyens propres à y mettre un terme, ou à les rendre moins nombreux et moins navrants.

Je vais comme vous, grand et illustre prêtre, inviter ceux qui ont des yeux à regarder, et ceux qui ont des oreilles à écouter... Comme vous, incomparable défenseur des droits du faible opprimé par le fort, je vais aborder le point capital, le point de l'horrible drame que jouent si affreusement les rois et les empereurs... Je vais, comme vous encore, mais dans un sens suscité par une circonstance des plus graves, des plus surprenantes et des plus terribles, je vais enfin et au risque de n'être pas compris de ceux-là même que j'affectionne le plus, leur montrer, non pas avec mon doigt, mais avec ma plume et par le raisonnement, le gouffre béant que beaucoup d'entre eux semblent ne pas apercevoir, et qui, dans un moment ou dans un autre, peut les engloutir.....

A cet effet, je vais m'adresser d'abord à mes frères les plus germains, autrement dit aux Français ; Conservezs, si cela vous est encore possible, leur dirai-je, votre gaieté d'esprit, « la sagesse atrabilaire irrite et n'instruit pas » a dit avec raison le savant Voltaire, oui conservez-là cette aimable gaieté, mais quand le jour de la délivrance pour vous, pour vos proches, pour votre patrie et les peuples amis ayant comme vous horreur des tyrans sera venu, quand vous recevrez des chefs qui auront été choisis par vous ou par d'autres hommes de votre choix l'invitation de marcher sus, oh ! pour du coup soyez sérieux, froids mêmes, oui froids, je tiens à répéter le mot, mais ce mot je tiens aussi à vous l'expliquer : La froideur que j'entends n'est pas celle qui glace, c'est celle qui anime et qui, en animant réchauffe; c'est celle qui, au premier mot prononcé contre les tyrans et leurs hordes attentant à la patrie ou à la liberté, indigne, et qui, au second mot prononcé avec l'amertume et la fermeté du patriote convaincu, transporte, double et triple les forces... non-seulement du corps, mais encore de tout ce qu'il y a de vrai et de plus élevé dans l'être humain.. qui, en définitif, n'est et ne peut être véritablement grand que par le sentiment également grand du sacrifice, et enfin par l'assurance du devoir bien accompli ; ou, en la circonstance, par le dévouement et le développement de toutes les forces propres à l'accomplissement de la chute des tyrans : grands et petits.

» Mon être est quelque chose et je dois faire des efforts pour le conserver, » disent en toutes circonstances les hommes timorés, les Caïn et les lâches...

Ils ont raison, quand il ne s'agit ni de l'honneur ni du salut de la patrie, ceux qui tiennent ce langage, oui sans doute, mais quand il s'agit de l'honneur, mais quand il s'agit de la violation de sa bonne mère par d'affreux tyrans, mais quand la patrie est mise en péril par la folie des rois et des empereurs, mais quand d'autres ne valant pas mieux osent la mettre dans la balance contre un peu d'or..., ou préfèrent son anéantissement à un peu de dévouement de leur part, ce qui est lâche et odieux... mais quand cette mère de nos aïeux, de nos enfants et de nous-même, est exposée ou menacée de devenir la proie des hordes cruelles et barbares, est-ce qu'il n'est pas du devoir impérieux des moins braves comme des plus vaillants, d'exposer franchement pour la sauver une partie de cet être qui, demain ou quelques jours plus tard, deviendra, pour la certain, par la fièvre, par un faux pas ou par la piqûre d'un moucheron, une partie essentielle et quand même du grand tout ! ! !

Ô Cincinatus... vous qui au premier signal abandonniez votre charrrue pour courir à la défense de votre patrie, et qui avez aidé tant de fois à la sauver, combien n'étiez-vous pas pénétré de cette grande et immortelle vérité qu'aujourd'hui je me fais un devoir de rappeler?

Et Léonidas.. qui jurait avant son départ pour remplir un pareil devoir de vaincre ou de mourir... et qui a si bien et si dignement tenu parole, est-ce qu'il n'en était pas également convaincu?

Je n'en finirais jamais si j'entreprenais d'énumérer les noms et les sublimes dévouements et actions de ce genre. Mais à quoi bon les rappeler ici : l'histoire est là pour les raconter, et il y a tout lieu de croire qu'elle ne sera plus inutile comme elle l'a été depuis 20 ans ! ou du moins dans mon propre pays par la faute d'un lâche empereur...

Ils sont bien chers ces aveux que je fais si humblement, et ce n'est pas sans avoir versé bien des larmes que je me suis décidé à les faire, oh ! non, bien certainement. Et pourtant, je ne suis pas des plus sensibles. Mais quand je pense et surtout quand je réfléchis aux maux cruels que l'ignorance et deux véritables Caïn viennent encore de faire endurer à mes frères de France et d'Allemagne... comment retenir ces larmes?... et surtout, mais surtout quand j'en vois verser à torrents par des milliers de femmes, d'enfants et d'hommes éprouvés par tant de désastres....

Il faut encore bien l'avouer : il y a une chose entre toutes qui fait saigner le cœur... Cette chose qu'aucune personne convaincue de l'excellence des principes républicains et des dangers du système monarchique ne saurait comprendre est la facilité d'entraînement que semble avoir une poignée d'aristocrates envers ceux qui ont le plus besoin de ne pas se laisser entraîner par eux; et enfin le sens politique si défavorable à leur cause qu'ont à leur tour ces derniers... En d'autres termes, il est douloureux, que parmi les peuples témoins de ces déluges de maux, de ruines et de crimes, autrement dit d'angoisses, d'horreurs, de sang et de souffrances, il puisse se rencontrer parmi eux des hommes assez téméraires pour acclamer les monstres qui en sont les auteurs ! ! ! Et que d'autres soient assez aveugles pour ne pas s'apercevoir que si les prôneurs de ces monstres n'ont pas comme eux les mains presque constamment dans le sang et dans la bourse des peuples, ils sont au moins leurs soutiens.... et pour cause.... Il est là ! le gouffre béant, dont je parlais tout à l'heure, entre la duplicité des rois et des empereurs et l'égoïsme de leurs complices....

Certes, la tradition, l'histoire, l'expérience, les faits accomplis sous nos propres yeux, et surtout l'état des sociétés régies par ces abominables régisseurs démontrent clairement que les monarchies n'ont jamais été en l'avantage des peuples, mais bien en leur grand désavantage.

Et dire que malgré toutes ces preuves, les imprudents n'en persistent pas moins dans leur aveuglement. . .

Mais à quoi donc attribuer cette cause?

Est-ce que les hommes de pillage et de carnage sont à l'égard des autres hommes ce que sont les lions à l'égard des troupeaux de bêtes . . . est-ce qu'ils les fascinent par leur aspect ou par leur regard . . . . S'il n'en est pas ainsi, c'est au peuple et surtout aux armées de le faire voir : en chassant les uns et en n'écoutant plus les conseils des autres.

Oh ! France, toi qui viens d'avoir l'avantage de te débarrasser du tyran qui t'opprimait, ne m'en veux pas si je n'ai pas fait pour toi tout ce que mon cœur désirait : un mal de tous les instants m'en a empêché. Mais encore, mais malgré cela, tu sauras par ceux qui ont bien connu l'emploi de mon temps qu'il ne t'a pas été inutile : ni dans la partie des armes, ni dans celle de la parole, ni même dans celle de la plume, et que si je n'ai pas fait davantage, c'est parce que cela m'a été impossible. Tu sauras enfin qu'à la suite de l'affreuse guerre dont je parlerai encore tout à l'heure, j'ai fait publier dans les journaux et adressé à qui de droit l'adresse qui va suivre, et qui, si elle eût été écoutée aurait, j'en ai la ferme conviction, épargné, la vie à des milliers de tes propres enfants . . . . Oh ! malheur . . . . Non elle ne fut pas écoutée. Et pourtant, le moyen qui y est indiqué me paru et sembla à un grand nombre de tes autres enfants, un véritable remède . . . . En voici les termes :

TRÈS-HONORÉS REPRÉSENTANTS ET GOUVERNANTS.

Le sang coule à flots à Paris ! Tous les cœurs en sont émus; et si l'on ne s'empresse d'y apporter un remède, il ne tardera probablement pas à couler par toute la France ! ! !

Le Gouvernement et l'Assemblée de Versailles sont incontestablement deux pouvoirs reconnus par la nation, et la Commune de Paris ne le nie pas. Mais elle revendique la jouissance de certains droits, qu'il n'est pas impossible aux Français de reconnaître ou de ne pas reconnaître, d'admettre ou de ne pas admettre. Il ne leur est pas impossible, dirai-je en d'autres termes, de décider si la jouissance de ces droits que Paris réclame et qu'il tient essentiellement à faire prévaloir, est ou n'est pas l'objet de leur propre désir. . . .

Ah ! il faudrait désespérer des Français s'il en était autrement, et peut-être même de l'espèce humaine . .

Persuadé donc que l'opinion générale est telle sur ce point que les électeurs sont aptes et intéressés à juger cette cause, et que dans la douloureuse circonstance où nous sommes ils en ont le devoir, je vous supplie, au nom de l'humanité, très-honorés Représentants et Gouvernants, de bien vouloir proposer le plus promptement possible à vos adversaires une suspension d'armes et un appel au peuple pour décider par le vote de leur programme. . . .

Ah ! de grâce ne ressemblons pas aux rois et aux empereurs ! Ne foulons pas sous nos pieds le droits naturels . . . et tâchons de faire en sorte que les conventions humaines méritent d'avoir un pareil respect . . . et surtout, mais surtout, que ces dernières ne soient, avant toute chose, que la garantie des droits précités, autrement nous ne verrions plus que sang, carnage, malheur et oppression ! Rien de tout cela n'est désirable pour aucun parti, pas même pour celui qui triompherait.

J'ai l'honneur d'être, très-honorés Représentants et Gouvernants, votre bien respectueux serviteur.

Barthélémy MESTREL.

Cherbourg, le 4 mai 1871

LA RÉPUBLIQUE UNIVERSELLE ET UN CONGRÈS

« Lorsque l'on considère que le produit du travail
» et des lumières de trente ou quarante siècles a été
» de livrer trois cents millions d'hommes répandus sur
» le globe à une trentaine de despotes, a dit Chamfort,
» la plupart ignorants et imbéciles, dont chacun est
» gouverné par trois ou quatre scélérats, quelquefois
» stupides, que penser de l'humanité, et qu'attendre
» d'elle à l'avenir ? »

Il y a 76 ans que les lignes presque désespérantes
que l'on vient de lire sont écrites, et rieu ou presque
rien n'est changé dans la situation !

L'on ne doit pas, il est vrai, se désespérer pour cela,
mais n'est-il pas temps, grand Dieu ! que les peuples
rompent avec un système et une classe d'hommes qui
leur ont occasionné tant et d'aussi grands malheurs ? . .

Oui, il en est grandement temps, et s'ils ne le font
pas, je leur prédis des désastres et des maux encore,
plus grands et plus sinistres que ceux du passé . . .
que dis-je ! cela ne saurait être possible : Ils ont, les
rois et les empereurs, d'accord avec les papes, et pour
la plupart, approuvé et défendu l'affreuse inquisition
contre les peuples ! ! ! qui voulaient la détruire.

Qu'y a-t-il en effet de plus sinistre, de plus cruel et
de plus infâme ? . . . . Rien, absolument rien, sinon
peut-être la barbarie d'une partie des mêmes, mention

née dans l'histoire de la Bastille ou de la St-Barthélémy . . . . Et enfin les guerres atroces de Napoléon III et du roi Guillaume.

Je constate ici, et l'histoire le constatera à son tour que la dernière surtout, autrement dit celle qui vient d'avoir lieu entre la France et l'Allemagne, et que ces deux monstres ont pu se déclarer si librement et si gratuitement, a été pour l'humanité, nn des plus terribles fléaux arrivés jusqu'à nos jours... les passages reproduits ci-contre ne le démontrent que trop, Lisez-les, peuples, c'est un de vos plus grands et plus dévoués amis qui vous y convie, et ensuite vous direz, si en pensant, si en réfléchissant à la légèreté de ces grands coupables, au peu de cas qu'ils font ordinairement des vies qu'ils ont le devoir de protéger, et enfin aux engins de destruction qu'ils ne cessent d'inventer ou de faire fabriquer tous les jours pour recommencer leurs affreux carnages, vous direz enfin, si j'ai eu tort de vous engager à ne plus vous faire gouverner par des hommes de cette trempe, autrement dit de cette classe...

Oui lisez-les, mettez la main sur votre conscience après les avoir lus, et alors, et ensuite, vous vous demanderez à vous-mêmes lesquels méritent le plus vos sympathies et vos respects de ceux qui demandent à grands cris les sages institutions de la République, ou de ceux qui non contents de mettre vos droits les plus légitimes et les plus sacrés sous les semelles de leurs bottes, sont les auteurs de tant et d'aussi affreux égorgements.

Ecoutez, peuples, ou plutôt lisez, voici ce que sous ce titre : *La leçon de l'épreuve.* Monsieur Chevé, Rédacteur en chef du journal le *Phare de la Manche* écrivait à la date du 25 août 1870 :

Ah! nous traversons la plus terrible crise que la France ait subie depuis cinquante-cinq ans. Mais que de leçons se dégagent de ces rudes épreuves! que de vérités apparaissent sous ces déceptions cruelles! Qu'elle éducation politique sort de ces faits sanglants!

Nous avons vu ce que vaut ce droit de plébiscite accordé au chef du pouvoir exécutif, ce que vallent ces votes plébiscitaires imposés aux populations par la réaction, les ministres, les préfets et l'armée des fonctionnaires publics.

Nous avons vu les effroyables conséquences du droit de guerre remis exclusivement entre les mains d'un seul homme, au lieu d'être en celles de la nation décidant elle-même de ses destinées par l'organe de la représentation nationale.

Nous avons vu ce qu'est cette administration tant vantée qui nous jurait que tout était prêt lorsque rien ne l'était, lorsque notre armée en campagne n'avait même ni vivres ni munitions.

. . . .

Nous avons vu ce qu'étaient ces fonctionnaires publics, si puissants pour vicier le suffrage universel et qui s'enfuient à l'approche de l'ennemi, comme le préfet de Nancy et tant d'autres.

Nous avons vu combien ces fonctionnaires savent peu répondre à l'élan du patriotisme national. Ainsi dans nos contrées qu'elle ardeur a-t-on déployée pour improviser les engagements volontaires, la levée des contingents, l'organisation de la garde nationale mobile et de la garde nationale sédentaire? Que d'autres faits plus graves encore!

Nous avons vu quelle situation impossible nous crée la possesion par la Prusse de la rive gauche du Rhin livrant à son invasion. par nos frontières ouvertes au nord, les routes de la France et celles de Paris.

Nous avons vu que nous n'avions plus en Europe un seul allié, pas même cette Italie que nous avons créée au prix de notre sang et de notre or, pas même cette Autriche qu'en 1866 nous avons sauvée d'une ruine complète et dont l'inaction favorise aujourd'hui la Prusse, qui demain l'en récompensera en lui arrachant ce qui lui reste de l'Allemagne.

Nous avons vu que cette déplorable politique autoritaire qui nous régit depuis vingt ans, en nous eulevant tout allié à l'extérieur, nous a compromis à l'intérieur en ôtant aux citoyens l'initiative et ne laissant pas aux populations envahies un fusil pour se défendre.

. . . .

Lisez encore, peuples, voyez avec quels sentiments de tristesse, d'angoisse et de douleur, s'exprimait M. le duc de Fitz-James dans une lettre qu'à l'époque en question, il adressa à la *Gazette de France* :

« Je pourrais, Monsieur le rédacteur, vous faire un longet triste récit de ce que j'ai vu; mais, en face des nouveaux dangers qui menacent mon pays, je ne veux parler que de ce qui s'est passé à Bazeilles : je ne veux pousser qu'un cri d'indignation.

» Bazeilles est situé près de la Meuse, à huit kilomètres de Sedan. Le 31 août au matin, les courageux habitants de ce village, voyant l'ennemi arriver, revêtirent leurs uniformes de gardes nationaux et aidèrent l'armée à se défendre contre un corps bavarois et contre la division Shaeler d'Erfurt, du quatrième corps de la réserve prussienne. L'armée française fut repoussée. L'ennemi entra à Bazeilles, et alors commencèrent des scènes d'horreur et des excès sans nom qui flétrissent à jamais ceux qui les commettent.

» Les Bavarois et les Prussiens, pour punir les habitants de s'être défendus, mirent le feu au village. La plupart des gardes nationaux étaient morts, la population s'était réfugiée dans les caves : femmes, enfants, tous furent brulés. Sur deux mille habitants, trois cents restent à peine qui racontent qu'ils ont vu des Bavarois repousser des familles entières dans les flammes et fusiller des femmes qui avaient voulu s'enfuir. J'ai vu, de mes yeux vu, les ruines fumantes de ce malheureux village : il n'en reste pas une maison debout. Une odeur de chair brûlée vous prenait à la gorge J'ai vu les corps des habitants calcinés sur leur porte. »

Ce qui précède est-il assez horrible, assez cruel?...
Mais écoutez encore, peuples, voici un extrait du journal le *National*, et c'est toujours à vous qu'il est adressé :

« Tout flambe autour de Paris, les ponts sautent, les outes sont détruites, c'est le spectacle de la désolation. J mais. dans les temps les plus reculés, dans les siècles les plu barbares, le fléau de la guerre ne s'était montré sous u jour au ssi horrible.

« Et, maintenant, peuples, réfléchissez, vous qui vivez au lelà du Rhin, aussi bien que vous qui habitez en decà. Qui a causé tous ces malheurs? Qui a fait toutes ces ruines? Qui a semé partout dans ce pays, naguère si riche et si p spère, tant d'épouvantables calomités? Deux hommes ; si cs deux Césars n'eussent pas existé, l'Allemagne et la France viveraient en paix, au lieu de s'entr'égorger. Maudits soient les rois, ces prétendus pasteurs, qui ont toujours été les bourreaux des peuples ! »

Ecoutez, peuples, voici encore de bons conseils. Ils nous viennent de la *Digue de Cherbonrg*, ceux-là (n° du 18 septembre 1870) écoutez-les, oui, écoutez; et surtout tâchons de nous mettre d'accord pour les suivre :

» Nous avons chassé Napoléon, que les Prussiens chassent leur Guillaume, et alors nous nous entendrons.
» Quoi! deux peuples qui ont tout intérêt à rester unis, vont s'entre-détruire, et se ruiner; parce que deux individus veulent, l'un acquérir une gloire militaire, l'autre, donner des trônes à ses parents !
» Ces monstruosités n'ont que trop duré.
» Il est temps que les peuples soient maîtres de leurs destinées.
» Que chaque nation se constitue en République !
» Que chaque République nomme des députés à un congrès chargés de régler les différends qui pourraient surgir entre telle ou telle nation !
» Rien de plus simple.

« Alors plus de guerre possible. et l'on aura la paix dans le monde entier.

» Notre siècle verra cela.

» Courage donc, peuples ! A l'œuvre !

» Vive la République universelle ! »

Si, après avoir lu ce qui précède, il se trouvait des personnes autres que celles dont on est prévenu de se méfier qui seraient assez aveugles ou assez bornées pour n'avoir pas compris tout l'avantage qu'il y aurait pour elles et pour tous les peuples dans l'observation des grands et utiles principes qui y sont émis, elles seraient bien à plaindre, et je les engagerais fortement, car il est bon de ne jamais désespérer des autres, pas plus que de soi ; je les engagerais fortement, dis-je, à le relire, et surtout à bien examiner les vérités du même genre et concernant le même sujet qui vont encore suivre.

L'article qui contient ces vérités et qui est de M. Le-Pesqueur, n'a pas besoin d'être recommandé, il se recommmande de lui-même, mais une chose dont je suis bien certain, c'est qu'une masse de mes compatriotes et beaucoup d'autres ont besoin de le lire ou de l'entendre lire ; et c'est pour cette raison que je vais le reproduire ici. Hélas ! que ne puis-je leur en faire comprendre plus facilement encore toute l'importance.... Grand Dieu ! Juste Ciel ! Ah ! comme nous viverions en paix.... Enfin, le voici :

LE DESPOTISME.

—

Les rois signalent leur puissance par l'étendue et la richesse du territoire placé sous leur domination et par le nombre d'esclaves qui vivent sous le joug de leur despotisme. Cette définition caractérise les idées de conquêtes qui tourmentent l'esprit de tous les gouvernements monarchiques.

Jetons les yeux sur l'histoire ; nous verrons que les caprices des despotes précipitent souvent les nations dans de profondes abîmes, et lancent, au milieu d'arênes sanglantes, des legions humaines qui, aveuglées par un astucieux machiavélisme, versent leur sang pour satisfaire l'orgueil et l'ambition des rois : le terrible duel entre la France et l'Allemagne en est un témoignage éclatant.

» La monarchie despotique fait perdre au pays qu'elle régit son caractère national. Elle y produit la démoralisation par la protection qu'elle donne au luxe qui, en énervant les sentiments du peuple, le plonge dans la mollesse et l'insouciance. Elle y sème des passions qui engendrent l'égoïsme, engourdissent la volonté, et sont les complices de la violence et de la fourberie. Son pouvoir arbitraire, en s'entourant de prérogatives honteuses, crée le favoritisme corrupteur, les sinécures ruineuses, les intrigues, les rivalités et les délations. Avec la monarchie, le droit n'est rien, la force est tout. Ce gouvernement est l'ennemi juré du progrès et de l'universalité de l'instruction. Il déploie toute sa force pour empêcher les masses de sortir de l'obscurité où l'ignorance les plonge. En égarant la foi du peuple, il le maîtrise et lui dérobe les réalités pour le nourrir de chimères et d'illusions. Il évite ainsi les tentatives et les déceptions que son étrange politique lui assurerait. Quel est l'homme qui, aidé des bienfaisantes lumières de l'instruction, ne sent son âme soulevée d'indignation à la vue des inégalités qui règnent dans les diverses classes d'un peuple gouverné par un pouvoir dominateur. Il voit que l'essence de la nature est méconnue et que ses facultés intellectives sont paralysées. Il reconnaît que la véritable organisation sociale doit être fondée sur les principes de la liberté de l'égalité, de la fraternité ! Quels désastres l'ignorance n'a-t-elle pas attirées sur notre malheureuse patrie! Quelles adroites manœuvres les monarchies tombées n'ont-elles pas employées pour tromper le peuple! Ces plébiscites mensongers, ces votes incompris par les masses ignorantes, ont été pour nos libertés de terribles entraves,

» L'instruction et la liberté, a dit Mirabeau, sont les bases de toute harmonie sociale et de toute prospérité humaine.

» Peuple, tu sais maintenant ce que valent les monarchies. Elles violent tes droits et étouffent tes nobles aspirations. Elles considèrent l'homme sorti de ton sein comme un être essentiellement matériel, et méconnaissent les aptitudes de son intelligence. Elles paraissent ignorer que Dieu en créant l'homme lui imprima sur le front un caractère sacré qu'aucune autorité humaine ne peut effacer. Les idées et les conceptions du plus humble citoyen ne doivent pas être plus enchaînées que celles du plus grand des princes. N'a-t-on pas vu des bergers intelligents et des rois idiots! Et pourtant ces héros présomptueux du despotisme se croient d'une nature et d'une organisation différentes de celles des autres hommes. Dans un sens, cette croyance est fondée : les peuples n'aspirent qu'à la fraternité humaine, les rois foulent souvent aux pieds les lois de l'humanité en sacrifiant le sang de leurs sujets à la réalisation de leurs idées et à l'assouvissement de leur ambition.

» Les maux qui ont fondu sur la France lui ont fait ouvrir les yeux et elle a pu sonder l'abîme qu'avait creusé sous son sol le gouvernement despotique qu'elle avait acclamé dans un jour où son intelligence s'était assoupie. L'heure solennelle du réveil ayant sonné, elle a su rompre les chaînes qu'elle s'était forgées et sa raison s'est alliée à la liberté : elle savait qu'il s'agissait pour elle de renaître ou de tomber en décadence. Maintenant la France a reconquis ses droits, et a rendu à ses vaillants défenseurs et à la profession des armes la noblesse de leur principe. Ils ne seront plus désormais l'instrument du despotisme qui dans certains moments d'inquiétude et de folie osait leur demander la vie de leurs concitoyens. Non, ils ne verseront plus leur sang pour satisfaire la violence du régime arbitraire; ils le verseront uniquement pour la liberté, l'intégrité, l'indépendance de la patrie. Pour accomplir cette tâche sacrée, ils sauront se montrer les dignes descendants des vainqueurs de Valmy et du peuple qui renversa la Bastille.

» Peuples civilisés, vous qui avez le sentiment de votre dignité et de vos droits, finissez-en avec ces despotes qui jouent avec vos libertés et méprisent vos aspirations. La monarchie, vieille institution humaine, doit disparaître du code des nations. Imitez la France. Elle a su s'affranchir d'un césarisme odieux ; brisez à votre tour les liens qui vous attachent à toutes les têtes couronnées. Soyez tout à votre patrie, rien qu'à elle ! Jetez un regard de mépris sur les lois iniques et les maximes impies du despotisme. Ne soyez plus l'instrument des convoi-

tises de vos oppresseurs ni de la violence de vos tyrans.
Armez-vous d'une inflexible fermeté et toute résistance sera
vaincue. Substituez à la puissance dominatrice qui vous ty-
ranise, les principes de votre souveraineté qui vous rendront
vos droits et vous élèveront du vil rang d'esclaves à la dignité
de citoyens. A l'œuvre ! La postérité, qui vous regarde, verra
que les hommes de ce siècle de lumière et de progrès ont su
anéantir le règne du despotisme et fonder sur ses ruines le
temple de la liberté où la République universelle viendra s'as-
seoir et dicter les lois qui régiront l'alliance des peuples,
auxquels l'union et la fraternité assureront de longs jours de
paix, de concorde et de prospérité. »

Cherbourg, Typ. et Lith. Ch. FEUARDENT, rue Tour-Carrée, 25.

www.ingramcontent.com/pod-product-compliance
Lightning Source LLC
Chambersburg PA
CBHW061814060726
47597CB00008B/3176